MINISTÈRE DE LA GUERRE

INSTRUCTION

DU 30 AVRIL 1883

SUR LE SERVICE JOURNALIER & MUNICIPAL

DE LA

GARDE RÉPUBLICAINE

PARIS

LÉAUTEY, Imprimeur-Libraire de la Gendarmerie

24, Rue Saint-Guillaume, 24

AVANT-PROPOS

1° Les militaires de tout grade qui composent la garde républicaine ont mérité l'honneur d'y être admis par leurs bons services, par leur dévouement et par leur excellente conduite dans le corps dont ils faisaient précédemment partie.

2° Soldats d'élite, ils seront toujours dignes de la haute mission que le Gouvernement confie à leur vigilance et à leur courage.

3° De la tranquillité de Paris peut dépendre le repos de la France entière. Si des désordres venaient menacer la capitale, la garde républicaine s'empresserait de répondre à la confiance du Gouvernement et des bons citoyens. Ses antécédents, sa tenue, sa discipline et son instruction militaire sont, sous ce rapport, la garantie de ce qu'on doit attendre d'elle.

4° Mais là ne se bornent pas ses devoirs. Avec les armes qui lui ont été confiées, la garde républicaine, comme la gendarmerie, a reçu les pouvoirs judiciaires nécessaires pour assurer l'exécution des lois, des ordonnances et des règlements de police. Il est donc essentiel que les militaires du corps acquièrent promptement les connaissances indispensables pour accomplir avec intelligence cette partie de leurs obligations.

5° C'est pour leur en faciliter l'étude qu'a été rédigée l'instruction qui va suivre.

6° Elle est divisée en trois chapitres renfermant chacun une des parties qui constituent la spécialité du service de la garde républicaine.

7° Chargés, dans la pratique habituelle de leur service, de la mission délicate et souvent difficile de régulariser des plaisirs, de contrarier des habitudes prises et de calmer des impatiences, souvent en contact avec la partie la plus turbulente de la population, les militaires du corps, par leur attitude tout à la fois ferme et bienveillante, par la dignité de leur conduite, leur allure franche et militaire, et leur extrême politesse envers toutes les classes de la société, doivent amener cette population à comprendre que leur présence au milieu d'elle n'a pour but que le maintien de l'ordre et la sécurité de tous. Ils doivent éviter les propos acerbes, humiliants, et les actes oppressifs, qui n'auraient d'autre résultat que d'altérer la considération et la confiance que la garde républicaine doit inspirer ; mais plus ils auront mis de politesse et de convenance dans l'exécution de leur service, plus ils devront déployer de fermeté envers les individus qui prendraient pour de la faiblesse les égards dont ils auraient été l'objet.

8° Ils ne doivent employer la force qu'après avoir épuisé tous les moyens de douceur et de persuasion ; ils ne doivent se servir de leurs armes qu'à la dernière extrémité, en cas de légitime défense, lorsque leur vie est menacée ou qu'ils en reçoivent l'ordre de leurs chefs.

9° Enfin les militaires du corps doivent donner l'exemple de la tenue, de la discipline, de la bonne conduite et d'une obéissance passive aux ordres de leurs supérieurs. Ils doivent éviter tout ce qui tendrait à compromettre leur uniforme et la réputation si honorable que le corps s'est acquise.

10° Ils doivent se pénétrer de cette vérité que l'ivrognerie est le vice le plus dégradant, qu'il conduit insensiblement à tous les autres, et qu'à la troisième faute pour ivresse ils encourent leur expulsion d'un corps où leur inconduite serait une honte et un dangereux exemple pour leurs camarades.

11° La garde républicaine ayant des relations fréquentes de service avec les commissaires de police, officiers de paix et autres préposés de la police, il importe que ces relations aient toujours le caractère de dignité et de convenance dont les agents du Gouvernement ne doivent jamais se départir entre eux.

CHAPITRE PREMIER.

Notions sur le service municipal.

1re SECTION.

DEVOIRS GÉNÉRAUX DES SOUS-OFFICIERS ET GARDES.

ART. 1er. — *Demande. Quelles sont les principales attributions de la garde républicaine ?*

Réponse. La garde républicaine étant spécialement chargée du service de surveillance de la capitale et placée, pour l'exécution de ce service, sous la direction du préfet de police, assure la tranquillité publique et la sûreté des habitants par tous les moyens qui lui sont confiés, et veille à l'exécution des lois, ordonnances et règlements de police. (*Art. 67 du décret du* 1er *mars* 1854.)

ART. 2. — D. *Que doit-elle faire dans ce but ?*

R. Elle prête appui et concours à tout agent dépositaire de l'autorité ; elle défère aux réquisitions légales qui lui sont adressées par ces agents revêtus des marques qui les distinguent ou porteurs de leur commission ; mais elle ne doit jamais intervenir dans les discussions qui s'élèvent quelquefois entre les habitants et des agents de police, sans qu'elle en soit légalement requise. (*Art. 93 du décret du* 1er *mars* 1854.)

ART. 3. — D. *De quelle autorité relève la garde républicaine en cas de troubles sérieux ayant le caractère d'insurrection?*

R. La garde républicaine, par la nature de son organisation, doit, en temps ordinaire, recevoir ses instructions du préfet de police ; mais, en cas de troubles sérieux ayant le caractère d'insurrection, elle est complètement aux ordres du gouverneur militaire de Paris, qui se réserve l'initiative et la direction des mesures à prendre pour la faire agir concurremment avec la troupe de ligne.

ART. 4. — D. *Quelles sont, en ce cas, les prescriptions générales à observer ?*

R. On ne doit obtempérer aux réquisitions qu'avec les troupes disponibles, et on ne peut considérer comme disponibles celles qui ont à exécuter des ordres donnés par le gouverneur de Paris.

Tout en obéissant, dans les limites indiquées ci-dessus, à une réquisition légale et faite dans les formes prescrites par les règlements en vigueur, le commandant de troupe ou fonctionnaire, requis directement, doit en rendre compte immédiatement à son chef hiérarchique et à ses supérieurs qui sont le plus à proximité ; il tient ensuite exactement ses chefs au courant de sa situation à tous les points de vue.

En dehors des mesures à prendre pour atteindre le but défini que toute réquisition légale doit indiquer, les ordres pour les mouvements de troupe et les dispositions générales à prendre ne peuvent émaner que du gouverneur militaire de Paris ; il est seul responsable, et tout commandant de troupe ou fonctionnaire doit se mettre en garde contre des instructions venant de toute autre autorité cherchant à se substituer à celle du gouverneur.

ART. 5. — D. *Les présidents du Sénat et de la Chambre des députés ont-ils le droit de requérir la force armée ?*

R. « Les présidents du Sénat et de la Chambre des députés sont chargés de veiller à la sûreté intérieure et extérieure de l'assemblée qu'ils président. A cet effet, ils ont le droit de requérir la force armée et toutes les autorités dont ils jugent le concours nécessaire.

« Les réquisitions peuvent être adressées directement à tous les officiers, commandants ou fonctionnaires, qui sont tenus d'y obtempérer immédiatement, sous les peines portées par les lois. »

Les présidents du Sénat et de la Chambre des députés peuvent déléguer leur droit de réquisition aux questeurs ou à l'un d'eux. (*Art. 5 de la loi du* 22 *juillet* 1879.)

ART. 6. — D. *Quelles sont les autorités qui peuvent requérir plus particulièrement la garde républicaine ?*

R. Ce sont les autorités judiciaires, les maires, les commissaires de police, les officiers de paix, les inspecteurs généraux et particuliers des marchés, de l'octroi, de la navigation, et les agents de la préfecture de police. (*Art.* 93 *du décret du* 1er *mars* 1854.)

Art. 7. — D. *Quelles sont les marques distinctives des autorités qui peuvent requérir?*

R. Les commissaires de police portent une ceinture de taffetas tricolore ; les officiers de paix en portent une de taffetas bleu ; les uns et les autres ont également un costume spécial qu'ils portent avec l'épée.

Les agents sont revêtus de la tenue des gardiens de la paix ou de l'habit bourgeois ; dans ce dernier cas, ils ont des cartes dont le modèle est affiché dans tous les postes.

Art. 8. — D. *Comment doivent être faites les réquisitions?*

R. Les réquisitions doivent toujours être faites par écrit, signées et datées, énoncer la loi qui les autorise, le motif, l'ordre. le jugement ou l'acte administratif en vertu duquel elles sont faites, et ne contenir aucun terme impératif tel que : ordonnons, voulons, enjoignons, mandons, etc.; cependant, si la réquisition contenait des termes impératifs, ce ne serait point un motif pour refuser d'y faire droit : on se bornerait à en rendre compte au colonel par un rapport. — De plus, on doit obtempérer aux réquisitions télégraphiques et, en cas d'urgence, aux réquisitions verbales sur le vu des ceintures ou des cartes, mais on en rendra compte immédiatement au colonel, et on exigera la réquisition écrite après l'opération terminée. (*Art.* 95, 96 *et* 97 *du décret du* 1er *mars* 1854.)

Art. 9. — D. *Les autorités civiles peuvent-elles indiquer dans leurs réquisitions les mesures à prendre pour en assurer l'exécution?*

R. Oui, en raison du service spécial de la garde républicaine ; mais, dès que les opérations militaires sont commencées, les autorités civiles ne doivent s'immiscer en aucune manière dans leur direction, qui appartient au militaire du corps le plus élevé en grade sur les lieux.

Art. 10. — D. *Les gardes doivent-ils obtempérer aux réquisitions de simples particuliers?*

R. Oui, la garde républicaine doit assistance à toute personne qui réclame son secours dans un moment de danger ; elle doit satisfaire à ses réclamations verbales ou par écrit, en se transportant de suite sur les lieux en cas d'incendie, inondation, vol, pillage, émeute, assassinat, blessures, voies de fait, viol ou homicide, etc. (*Art. 264, 278 et 630 du décret du 1er mars 1854.*)

ART. 11. — D. *Les sous-officiers et gardes n'étant commandés d'aucun service doivent-ils déférer aux réquisitions légales qui leur sont faites de prêter main-forte ?*

R. Oui, car ils doivent se considérer en fonctions partout où ils se trouvent revêtus de leur uniforme, surtout lorsqu'il s'agit du maintien du bon ordre.

ART. 12. — D. *Quel est le cas où ils peuvent agir sans attendre de réquisition ou ordres supérieurs ?*

R. Lorsqu'il y a flagrant délit. (*Voir l'art. 36 de l'instruction.*)

ART. 13. — D. *Quand y a-t-il flagrant délit ?*

R. Il y a flagrant délit :

Lorsque le délit ou le crime se commet actuellement ;
Lorsqu'il vient de se commettre ;
Lorsque le prévenu est poursuivi par la clameur publique ;
Lorsque, dans un temps voisin du délit ou du crime, le prévenu est trouvé muni d'instruments, d'armes, d'effets ou de papiers faisant présumer qu'il en est *auteur* ou *complice*. (*Art. 249 du décret du 1er mars 1854.*)

ART. 14. — D. *Que doivent faire les sous-officiers et gardes dans ces différents cas ?*

R. Arrêter le prévenu, si c'est possible, sans négliger de faire quérir sans retard le commissaire de police, et, en attendant l'arrivée de ce magistrat, commencer par s'assurer de l'individualité du prévenu ; examiner et inventorier avec soin les objets dont il est porteur, ainsi que tout ce qui pourrait servir de pièce à conviction ; prendre le nom et la demeure des témoins ; entendre leur déclaration, ainsi que celle de la personne lésée ; constater l'état des lieux, les traces encore existantes du crime, l'heure à laquelle il a été commis ; s'il y a des empreintes de pas, en prendre le dessin et la dimension ; et défendre, sous peine d'arrestation, qu'aucun individu ne s'éloigne jusqu'après l'arrivée du commissaire de police.

Ce magistrat une fois présent, les sous-officiers et gardes lui remettent les renseignements obtenus, et, s'il y a lieu, l'assistent pendant qu'il fera l'instruction. (*Art.* 276 *du décret du* 1ᵉʳ *mars* 1854.)

ART. 15. — D. *Les sous-officiers et gardes ont-ils qualité pour recevoir une plainte et pour faire une instruction préliminaire en cas de simples contraventions de police, ou de délit, même flagrant, qui n'entraînerait qu'une peine correctionnelle ?*

R. Non : ils invitent le plaignant à se rendre avec eux au commissariat de police, et ils y conduisent l'inculpé, s'il est arrêté par eux ou remis entre leurs mains. (Si le garde fait partie d'un détachement, voir l'art. 47 de l'instruction, dernier paragraphe.)

ART. 16. — D. *En cas de force reconnue insuffisante pour opérer une arrestation, que doit-on faire ?*

R. Y suppléer, en requérant directement l'assistance de tout militaire ou de tout agent de la force publique à sa portée. (*Art.* 137 *du décret du* 1ᵉʳ *mars* 1854.)

ART. 17. — D. *Lorsque le chef d'un détachement légalement requis est mis à la disposition d'un commissaire de police ou de tout autre agent de l'autorité, que doit-il faire ?*

R. Il doit prêter main-forte pour assurer l'effet de la réquisition et pour faire cesser, au besoin, les obstacles et empêchements. (*Art.* 98 *du décret du* 1ᵉʳ *mars* 1854.)

ART. 18. — D. *Dans quel cas les sous-officiers et gardes doivent-ils faire usage de la force ?*

R. En cas de résistance formelle aux consignes, ou de rébellion, et après avoir employé vainement tous les moyens de persuasion.

ART. 19. — D. *Dans quels cas doivent-ils faire usage de leurs armes ?*

R. Lorsqu'ils sont l'objet de menaces par gestes, à main armée, lorsque des violences ou voies de fait sont exercées contre eux ; lorsqu'ils ne peuvent défendre autrement le terrain qu'ils occupent, les personnes ou les postes qui leur sont confiés ; ou, enfin, lorsque la résistance est telle qu'elle ne puisse être vaincue autrement que par la force des armes. (*Art. 297 du décret du 1er mars* 1854.)

Art. 20. — D. *Par qui et comment doivent être faites les sommations prescrites par la loi, lorsqu'il y a lieu de dissiper un attroupement séditieux ?*

R. Par un magistrat civil revêtu de sa ceinture ; chaque sommation doit être précédée d'un roulement de tambour.

Après la deuxième sommation, si l'attroupement est armé, et la troisième, s'il est sans armes, l'action de la force commence sans responsabilité des événements. (*Loi du 7 juin* 1848.)

Quand des arrestations sont opérées dans ces sortes de cas, il faut avoir soin de mentionner si c'est après la première, la deuxième ou la troisième sommation que l'individu a été arrêté, la pénalité se réglant d'après ces circonstances.

DEUXIÈME SECTION.

PROCÈS-VERBAUX.

Art. 21. — Demande. *Quelle est l'importance légale des procès-verbaux ?*

Réponse. Les sous-officiers et gardes étant assermentés, leurs procès-verbaux font foi en justice jusqu'à preuve contraire. (*Art. 498 du décret du* 1er *mars* 1854.)

Les élèves-gardes n'ayant pas qualité pour dresser procès-verbal, rédigent seulement des rapports qu'ils certifient.

Art. 22. — D. *Quelle obligation cette importance impose-t-elle aux militaires chargés de les rédiger ?*

R. Ils doivent, pour se renfermer exactement dans le cercle de leurs attributions et les dispositions précises de la loi, se bien pénétrer des caractères qui distinguent les *crimes*, les *délits* et les simples *contraventions* de police. (*Art. 241 du du décret* 1er *mars* 1854.)

Art. 23. — D. *Qu'entend-on par contravention ?*

R. L'infraction que les lois punissent de peines de simple police et qui, d'après le quatrième livre du Code pénal, peut entraîner une condamnation à quinze francs d'amende et cinq jours d'emprisonnement, ou l'une de ces deux peines seulement, qu'il y ait ou non confiscation des choses saisies, quelle qu'en soit la valeur. (*Art. 137 du Code d'instruction criminelle.*)

Les contraventions du ressort des tribunaux de simple police sont déférées, à Paris, au juge de paix ; un commissaire de police remplit les fonctions de ministère public.

Art. 24. — D. *Qu'entend-on par délit?*

R. L'infraction que les lois punissent de peines correctionnelles, c'est-à-dire de peines excédant quinze francs d'amende ou cinq jours de prison.

Les délits sont du ressort des tribunaux de première instance, qui jugent alors comme tribunaux correctionnels. (*Art. 179 du Code d'instruction criminelle.*)

Art. 25. — D. *Qu'entend-on par crime ?*

R. L'infraction que les lois punissent d'une peine afflictive ou infamante.

Les crimes sont du ressort des Cours d'assises.

Art. 26. — D. *Quelles sont les peines en matière criminelle?*

R. Les peines en matière criminelle sont ou afflictives et infamantes, ou seulement infamantes.

Les peines afflictives et infamantes sont : 1° la mort; 2° les travaux forcés à perpétuité ou à temps ; 3° la déportation ; 4° la détention ; 5° la réclusion.

Les peines infamantes sont : 1° le bannissement ; 2° la dégradation civique. (*Art. 6, 7 et 8 du Code pénal, modifiés.*)

Art. 27. — D. *Comment doivent être faits les procès-verbaux et que doivent-ils contenir ?*

R. Ils doivent être établis le plus clairement et le plus succinctement possible par ceux qui ont constaté le fait, et contenir : 1° l'année, la date et l'heure ; 2° les noms, prénoms (un seul prénom suffit), grades, bataillons et compagnies ou escadrons et casernes de ceux qui dressent le procès-verbal ; 3° l'indication du lieu où a été commis le crime, le délit ou la contravention ; 4° les nom et prénoms, âge, domicile et profession du prévenu ; 5° ceux des témoins ; 6° l'exposé exact du fait, dégagé de tous événements étrangers.

Les procès-verbaux, revêtus du visa de l'officier commandant la compagnie ou l'escadron, sont ensuite adressés directement au colonel.

On ne doit jamais laisser écouler plus de vingt-quatre heures entre la constatation du fait et l'envoi du procès-verbal. (*Art.* 495 *du décret du* 1er *mars* 1854.)

ART. 28. — D. *En cas d'événement grave ou extraordinaire, peut-on attendre vingt-quatre heures pour en instruire le colonel?*

R. Non. On doit envoyer directement et sans retard une note succincte au bureau de service, sans préjudice de l'information qui sera adressée, par la voie hiérarchique, au lieutenant-colonel de semaine et au lieutenant-colonel d'armes si c'est une affaire concernant le personnel.

ART. 29. — D. *Que doivent mentionner les procès-verbaux dressés à l'occasion d'individus trouvés morts sur la voie publique?*

R. Ils doivent mentionner, autant que possible, outre les faits et les renseignements recueillis, la position et le signalement des cadavres, la désignation des vêtements, les marques du linge, les objets trouvés sur eux, les traces de coups ou blessures ; enfin on ne doit rien négliger de ce qui peut servir à les faire reconnaître et à éclairer la justice. (*Art.* 283 *et* 284 *du décret du* 1er *mars* 1854.)

ART. 30. — D. *En combien d'expéditions doit être rédigé un procès-verbal?*

R. Il doit être rédigé en double expédition, pour les contraventions constatées et les arrestations opérées ; en triple expédition, pour insultes ou voies de fait envers les militaires du corps, et en quadruple expédition, lorsqu'il s'agit de l'arrestation d'un forçat évadé ou d'un déserteur. Dans ce dernier cas, l'une des expéditions accompagne le prévenu, et les trois autres sont remises au conseil d'administration du corps, après que l'officier commandant la compagnie ou l'escadron a certifié que l'individu a été écroué dans la prison désignée au procès-verbal.

On joindra aux expéditions le reçu délivré, suivant le cas, par le commissaire de police ou par le concierge de la prison. (*Art* 495 *du décret du* 1er *mars* 1854.)

Art. 31. — D. *Comment doivent être rédigés les procès-verbaux faits à l'occasion de contraventions commises par le propriétaire ou le cocher d'une voiture en circulation sur la voie publique ?*

R. Ils doivent indiquer exactement le numéro de la voiture et la couleur de ce numéro, le nom et la demeure du propriétaire, le nom et la demeure du conducteur ; désigner l'espèce de la voiture (fiacre, cabriolet bourgeois ou de place, voiture bourgeoise ou de remise, charrette, haquet, tombereau, omnibus, tramway) et ne jamais omettre de mentionner si l'exhibition de la médaille, du livret ou des papiers de sûreté a eu lieu.

Art. 32. — D. *Les procès-verbaux rédigés pour des contraventions qui auraient lieu hors Paris, c'est-à-dire sur une commune environnante, sont-ils assujettis à d'autres formalités que ceux rédigés à Paris ?*

R. Oui. Ils doivent être visés en débet par le receveur de l'enregistrement du chef-lieu du canton, et envoyés au juge de paix du même canton.

Les procès-verbaux constatant une contravention aux règlements sur la grande voirie ou sur la police du roulage sont enregistrés en débet dans le délai de trois jours, et envoyés aussitôt au colonel. (*Voir l'art.* 30 *de l'instruction.*)

Art. 33. — D. *Un garde peut-il verbaliser seul ?*

R. Oui, il le peut ; cependant il est préférable que les procès-verbaux soient faits et signés par deux gardes au moins. (*Art.* 489 *du décret du* 1er *mars* 1854.)

OBSERVATIONS SUR LES PROCÈS-VERBAUX.

Dans tous les procès-verbaux, les indications de nombres tels que : numéros de voitures, de médailles de cochers, de maisons, sommes d'argent trouvées sur les individus arrêtés, etc., de même que les dates, doivent être portées en toutes lettres et jamais en chiffres. Sont exceptés les numéros des articles et dates des lois et ordonnances qui y sont relatées, ainsi que les numéros des bataillons et compagnies ou escadrons des militaires qui ont rédigé les procès-verbaux.

Dans tous leurs rapports ou procès-verbaux, les militaires du corps doivent être vrais, sincères, impartiaux et désintéressés; ils doivent recueillir et dire tout ce qui est à la décharge comme à la charge du prévenu.

Ils auront toujours soin d'analyser en marge l'objet du procès-verbal; le signalement des individus arrêtés figurera à la gauche, immédiatement au-dessous des signatures. (*Art. 495 du décret du 1er mars 1854, 3e paragraphe.*)

TROISIÈME SECTION.

ARRESTATIONS.

ART. 34 — Demande. *Qu'est-ce que la loi entend par une arrestat*

Réponse. La séquestration légale d'une personne ayant un compte à rendre à la justice.

Nul ne peut être poursuivi ou arrêté que dans les cas prévus par la loi et avec les formes qu'elle prescrit.

ART. 35. — D. *Les sous-officiers et gardes peuvent-ils opérer des arrestations en dehors des cas de flagrant délit ou de réquisition?*

R. Oui, ils doivent arrêter :

1° Les individus qui porteraient atteinte à la tranquillité publique, soit en tenant des propos séditieux, soit en troublant les citoyens dans l'exercice de leur culte (*Art. 300 du décret du 1er mars 1854*);

2° Ceux qui seraient trouvés exerçant des violences ou des voies de fait contre les personnes (*Art. 300 du décret du 1er mars 1854*);

3° Ceux qui insulteraient à la morale publique par des propos ou des gestes indécents;

4° Ceux qui occasionneraient ou pourraient occasionner des rassemblements dans les rues, en se battant;

5° Ceux qui, volontairement, par imprudence ou négligence,

auraient blessé quelqu'un ou causé quelque dégât (*Art.* 319 *du décret du* 1er *mars* 1854);

6º Ceux qu font partie de rassemblements tendant à troubler l'ordre public;

7º Les mendiants, vagabonds ou gens sans aveu, notamment ceux trouvés la nuit couchés sur la voie publique (*Art.* 333 *du décret du* 1er *mars* 1854);

8º Les individus qui chercheraient à vendre à vil prix des objets qu'on pourrait présumer avoir été volés ;

9º Les auteurs ou complices de bruit ou tapage injurieux ou nocturne troublant la tranquillité des habitants;

10º Toute personne qui porterait publiquement un uniforme ou une décoration qu'elle n'aurait pas le droit de porter;

11º Les déserteurs et les repris de justice;

12º Les individus qui seraient surpris coupant ou dégradant d'une manière quelconque les arbres plantés sur les chemins, promenades publiques et fortifications, ou détériorant les monuments qui s'y trouvent;

Les individus qui seraient surpris détruisant ou déplaçant les rails d'un chemin de fer, d'un tramway, ou déposant sur la voie des matériaux ou autres objets dans le but d'entraver la circulation, ainsi que ceux qui, par la rupture des fils, par la dégradation des appareils ou par tout autre moyen, tenteraient d'intercepter les communications ou la correspondance télégraphique (*Art.* 315 *du décret du* 1er *mars* 1854);

13º Tout individu qui outragerait ou menacerait les militaires du corps dans l'exercice de leurs fonctions, ou leur ferait la déclaration mensongère d'un délit qu'il saurait n'avoir pas été commis. (*Art.* 301 *du décret du* 1er *mars* 1854.)

Art. 36. — D. *Les sous-officiers et gardes ont-ils le droit d'entrer dans une maison particulière pour opérer une arrestation?*

R. Non. La maison de chaque habitant est un asile où les militaires du corps ne peuvent pénétrer sans se rendre coupables d'abus de pouvoir, sauf les cas déterminés ci-après :

Pendant le jour, ils peuvent y pénétrer : 1º dans le cas de flagrant délit; 2º pour prêter main-forte à un commissaire de police ou à toute autre autorité judiciaire porteur d'un mandat légal de perquisition, ou enfin sur la réquisition du maître pour rétablir l'ordre dans sa maison.

Pendant la nuit, ils ne peuvent y pénétrer que dans le cas d'incendie, d'inondations ou de réclamations venant de l'intérieur de la maison.

Dans tous les autres cas, et jusqu'à ce que le jour ait paru, les militaires du corps doivent se borner à investir la maison, en attendant les ordres nécessaires pour y pénétrer ou l'arrivée de l'autorité qui a le droit d'exiger l'ouverture de la maison.

Le temps de nuit est ainsi réglé :

Du 1er octobre au 31 mars, depuis 6 heures du soir jusqu'à 6 heures du matin ;

Du 1er avril au 30 septembre, depuis 9 heures du soir jusqu'à 4 heures du matin. (*Art.* 291, 292 *et* 293 *du décret du* 1er *mars* 1854.)

ART. 37. — D. *Une simple contravention peut-elle donner lieu à une arrestation ?*

R. Non. Lorsque les individus, pris sur le fait, sont connus et domiciliés, on doit se borner à dresser un procès-verbal ; mais, dans le cas contraire, ils sont conduits devant le commissaire de police.

ART. 38. — D. *A quoi s'exposent les sous-officiers et gardes en commettant une arrestation illégale ?*

R. Tout acte de la garde républicaine qui trouble les citoyens dans l'exercice de leur liberté individuelle est un abus de pouvoir ; les sous-officiers et gardes qui s'en rendent coupables encourent une peine disciplinaire, indépendamment des poursuites judiciaires qui peuvent être exercées contre eux. (*Art.* 631 *du décret du* 1er *mars* 1854.)

ART. 39. — D. *Comment doivent être faites les arrestations ?*

R. Les arrestations doivent toujours être faites, autant que possible, avec mesure et fermeté : ou ne doit ni frapper, ni injurier les individus arrêtés, mais on doit s'assurer d'eux par tous les moyens autorisés par la loi.

ART. 40. — D. *Que doit-on faire d'un individu aussitôt après son arrestation ?*

R. Il doit être conduit tout de suite devant le commissaire de police du quartier, si l'heure le permet; et, dans le cas contraire, il doit être remis, avec un ordre de consigne, au chef du poste le plus voisin, où il restera déposé jusqu'à l'ouverture du bureau du commissariat. Les sous-officiers et gardes ne doivent quitter le poste qu'après l'enregistrement de l'arrestation sur le registre d'écrou ou la feuille de service.

Tant que la position d'un individu arrêté n'est pas régularisée par le commissaire de police, les sous-officiers et gardes sont responsables de sa détention.

Tout individu arrêté doit être conduit devant le commissaire de police par celui qui a opéré l'arrestation; le reçu qui lui est délivré par ce magistrat est joint ensuite aux expéditions du procès-verbal, et dégage sa responsabilité.

Art. 41. — D. *Qu'est-ce qu'un ordre de consigne?*

R. Un ordre écrit et signé, en vertu duquel un agent de la force publique requiert le chef d'un poste de faire mettre au violon tel individu, qu'il lui amène, et de l'y tenir consigné à sa disposition. (*Voir le modèle A, ci-après.*)

<table>
<tr><td valign="top">

LÉGION
DE LA GARDE
RÉPUBLICAINE.

—

- Bataillon.
- Compagnie.
- Escadron.

</td><td valign="top">

Modèle A (à établir sur une feuille simple).

ORDRE DE CONSIGNE.

Paris, le   188 .

</td></tr>
</table>

Monsieur le Chef de poste d

      est requis de faire mettre au violon et d'y tenir consigné à notre disposition, pour être conduit par nos soins, demain à

heures du   , par-devant M. le Commissaire de police du quartier,

    L

Signalement......

Inventaire des ob-
jets trouvés sur
le prévenu......
Toute somme d'ar-
gent, si minime
qu'elle soit est men-
tionnée en toutes
lettres.

Motifs de l'arres-
tation.........

Signature.

NOTA. Le sous officier, brigadier ou garde termine l'ordre de consigne en signant très-lisiblement.

Art. 42. — D. *Où doivent être conduits les militaires arrêtés?*

R. 1° Tout militaire arrêté seul ou conjointement avec d'autres militaires doit être conduit immédiatement à l'état-major de la place.

Si l'arrestation est faite par un poste, le chef de poste fait accompagner à la place le militaire arrêté, par un seul homme, sauf dans des cas exceptionnels.

Si le militaire était ivre, il serait déposé dans un poste et conduit à l'état-major de la place lorsqu'il serait dégrisé.

Les militaires arrêtés pendant la nuit sont mis au violon **et** conduits à la place le lendemain matin, à l'heure où l'on y porte le rapport (7 h. 15).

2° Tout militaire arrêté pour désertion ou comme insoumis est immédiatement conduit à l'état-major de la place par les gardes qui ont opéré l'arrestation.

3° Lorsque des militaires sont arrêtés conjointement avec des civils, ils sont conduits devant le commissaire de police. S'ils sont gardés par ce magistrat, compte en est rendu sur les rapports ; si, au contraire, ils ne sont pas gardés par ce magistrat, ils sont immédiatement conduits à l'état-major de la place.

4° Tout militaire du corps arrêté par des militaires du corps pour faute contre la discipline est conduit directement à sa caserne ; ceux qui seraient ivres seront conduits en voiture.

5° Lorsqu'un militaire du corps est déposé dans un poste non occupé par la garde républicaine, défense est faite de l'en retirer pour le conduire à sa caserne : il doit être conduit à l'état-major de la place.

CHAPITRE II.

Des contraventions.

Art. 43. — *Demande. Dans quelle mesure les sous-officiers et gardes doivent-ils intervenir sur la voie publique ?*

Réponse. Les militaires de la garde républicaine, lors même qu'ils ne sont commandés d'aucun service, doivent se considérer comme en fonctions partout où ils se trouvent revêtus de leur uniforme ; cependant, comme à Paris la police de la voie publique est assurée d'une manière permanente par les gardiens de la paix, ils n'interviendront que dans les circonstances suivantes :

1° S'il y a absence momentanée ou insuffisance d'agents et qu'il soit urgent de faire cesser immédiatement l'infraction dans l'intérêt de la sécurité des personnes ou de la liberté de la circulation ;

2° Lorsque l'agent de l'autorité publique ou la personne lésée réclame leur assistance ou leur témoignage.

Art. 44. — *D. Quelle est, en ces circonstances, la limite de leurs pouvoirs ?*

R. Les sous-officiers et gardes apporteront, dans ce service, la réserve nécessaire pour se rendre utiles au bien public. Ils se souviendront qu'ils n'ont pas qualité pour recevoir une plainte (*Voir l'art.* 13 *de l'instruction*), qu'ils ne constatent que ce qu'ils ont vu et *qu'il n'y a jamais lieu d'arrêter l'auteur d'une contravention.* Dans le cas seulement où le contrevenant ne pourrait établir son individualité, il serait invité à se rendre chez le commissaire de police. (*Voir l'art.* 37 *de l'instruction.*)

Art. 45. — *D. Quelles sont les principales contraventions qui peuvent nécessiter l'intervention des sous-officiers et gardes ?*

R. 1° Les caisses, pots à fleurs et autres objets qui seraient déposés sur les balcons et appuis des croisées, non garnis de balustrades ou de barres transversales en fer, avec grillage en fil de fer maillé, ainsi que l'écoulement d'eau sur la voie publique résultant de l'arrosement de ces fleurs ;

2° Les embarras causés par des démolitions ou autres objets

entravant la voie publique, tels que barrières pour travaux de maçonnerie, échafaudages, tranchées pour conduite d'eau ; la négligence d'éclairer la nuit ces démolitions, ou tout ce qu'on aurait la permission de laisser ou de déposer momentanément sur la voie publique ;

3° Les voitures et les chevaux abandonnés par leurs conducteurs ;

4° Les bouchers transportant leurs viandes à découvert ;

5° Les charretiers, montés sur leurs chevaux ou dans une voiture non suspendue, attelée de plus d'un cheval ou d'un seul cheval qui ne serait pas conduit en guides et au pas ;

6° Les conducteurs de voitures qui ne cèdent pas la moitié du pavé ou qui ne se tiennent pas à portée de leurs chevaux, en état de les conduire ou de les guider ;

A moins d'impossibilité, le pavé est toujours cédé en prenant sur la droite (*Art.* 318 *du décret du* 1er *mars* 1854) ;

7° Tous les rouliers, charretiers ou conducteurs de voitures quelconques, ou de bêtes de charge, circulant sur les routes où sont établies des voies ferrées à traction de chevaux, qui ne se gareraient pas et ne laisseraient pas la voie ferrée entièrement libre au premier avertissement, consistant en un coup de trompe ou de sifflet donné par les conducteurs des voitures spéciales de ladite voie ;

8° Les conducteurs de bêtes de somme qui en sont éloignés ;

9° Les individus trouvés brutalisant des animaux (*Art.* 320 *du décret du* 1er *mars* 1854 ; *loi du* 2 *juillet* 1850) ;

10° Les conducteurs de voitures quelconques, tramways compris, qui tenteraient de couper un convoi ou une troupe en marche ;

11° Tout mécanicien de tramway à vapeur qui ne ralentirait pas ou même n'arrêterait pas dès qu'il s'aperçoit que le passage du train effraye des chevaux et peut causer des accidents ;

12° Les conducteurs de voitures quelconques, qui ne prendraient pas le pas en passant aux barrières d'octroi, aux passages à niveau, aux détours des rues, à la descente des ponts et généralement dans les endroits où la pente est rapide ;

13° Les individus qui conduiraient des chevaux à l'abreuvoir pendant la nuit, ou qui, dans le jour, y conduiraient plus de trois chevaux à la fois, y compris celui sur lequel ils sont montés ; les chevaux sont conduits au pas ;

14° Les personnes faisant usage de vélocipèdes non pourvus

de grelots suffisamment sonores pour annoncer de loin leur approche, ou non munis d'une plaque indiquant le nom et l'adresse de leurs propriétaires ;

Les personnes circulant sur des vélocipèdes en dehors des voies publiques autorisées à cet effet ;

Les vélocipèdes circulant devront être éclairés dès la chute du jour, au moyen d'un falot ou d'une lanterne, à l'instar des voitures ;

15° Les voitures à bras circulant la nuit sans être éclairées ;

16° Les cochers en état d'ivresse, ainsi que ceux qui auraient causé un accident grave sur la voie publique : ils seront immédiatement conduits chez le commissaire de police, et leur voiture sera mise en fourrière (1) (*Art.* 319 *du décret du* 1er *mars* 1854) ;

17° Les cochers qui fument en conduisant leurs voitures ou qui accrochent les sacs à avoine ou les musettes au siège ou à toute autre partie extérieure de la voiture (*le fourrage doit être placé dans les coffres*) ;

18° Ceux qui circulent après la chute du jour sans avoir allumé leurs lanternes ;

19° Ceux qui font passer les roues de leurs voitures dans les ruisseaux lorsqu'ils peuvent l'éviter ;

20° Ceux qui refusent de marcher soit dans l'intérieur de Paris, soit en dehors des fortifications, dans le ressort de la préfecture de police (2), aux prix fixés par le tarif ;

21° Les individus qui essayeraient des chevaux dans les rues de Paris ;

22° Les cafetiers, les marchands de vins et tous les débitants de boissons qui, sans autorisation spéciale du préfet de police, ont leurs établissements ouverts à une heure indue, ou même si, quoique ayant fermé, on est assuré qu'il existe une réunion chez eux. Dans ces deux cas, on doit se borner à déclarer procès-verbal au cabaretier, les gardes n'ayant pas qualité pour faire ouvrir la porte de l'établissement afin d'en faire sortir les personnes qui s'y trouvent, à moins qu'il n'y ait tapage ou danger pour quelqu'un à l'intérieur. (*Art.* 255 *du décret du* 1er *mars* 1854.)

Tout café ou débit de boissons, sauf autorisation spéciale, doit fermer :

A *minuit*, dans les communes rurales faisant partie du ressort

---

(1) La fourrière publique est rue de Pontoise, n° 19.

(2) Le ressort de la préfecture de police comprend le département de la Seine et les communes de Saint-Cloud, Sèvres, Meudon et Enghien, du département de Seine-et-Oise. (*Loi du* 10 *juin* 1853.)

de la préfecture de police, et à 2 *heures du matin* dans l'intérieur de Paris.

L'heure de clôture des représentations théâtrales est fixée à *minuit et demi*, en tout temps, sauf autorisation spéciale.

Les débitants établis aux abords des Halles centrales, dans le périmètre formé par le boulevard de Sébastopol et les rues Tiquetonne, Jean-Jacques-Rousseau, Saint-Honoré, du Louvre et de Rivoli, sont autorisés à conserver leurs établissements ouverts *toute la nuit* pendant toute l'année. Mais cette tolérance n'est accordée qu'à la condition expresse de n'avoir ouverte qu'une salle sur le devant, au rez-de-chaussée, et d'interdire toute espèce de jeux après 2 heures du matin ;

23° Les pièces d'artifice ou coups de feu tirés sur la voie publique ou dans les habitations, sans une autorisation spéciale ;

24° Tout déménagement fait la nuit (cette contravention peut donner lieu à arrestation lorsque les personnes qui déménagent ne justifient pas qu'elles sont propriétaires des objets transportés);

25° Les personnes qui brûlent de la paille sur la voie publique, qui suspendent, au-devant des murs de face des maisons riveraines de la voie publique, des écriteaux servant à faire connaître les maisons, appartements, chambres, magasins et objets quelconques à vendre ou à louer, sans fixer solidement lesdits écriteaux ;

Les personnes qui jettent des pierres ou des bâtons dans les arbres bordant les contre-allées des boulevards et promenades, qui suspendent à ces arbres des écriteaux, enseignes, lanternes et autres objets, ou y attachent des animaux, ou y fixent des cordes pour faire sécher du linge, des étoffes ;

26° Quiconque, à Paris, se livrerait à des baignades dites *pleine eau*, ou se baignerait dans les canaux du ressort de la préfecture de police ;

27° Quiconque se baignerait *nu* en rivière ;

Quiconque se livrerait à des baignades en pleine eau hors Paris, sans une autorisation et sans être accompagné de mariniers commissionnés à cet effet ;

28° Les jeux de palets, de tonneau, de quilles et tous autres jeux capables de gêner la circulation et occasionner des accidents ;

29° Le parcours à cheval ou en voiture des contre-allées et de toutes les parties des promenades publiques, non closes, réservées aux piétons ;

30° Les personnes qui verseraient leurs ordures sur la voie publique (les ordures doivent être contenues dans des récipients de forme quelconque, et ces boîtes à ordures rentrées dès qu'elles ont été vidées dans les voitures du nettoiement);

31° Les personnes qui jetteraient des ordures ou des eaux par les fenêtres, ainsi que celles qui secoueraient, de fenêtres donnant sur la voie publique, des tapis ou autres objets pouvant salir ou incommoder les passants. (Dans ces différents cas, les sous-officiers et gardes prendront auprès du concierge de la maison les renseignements dont ils pourront avoir besoin, et désigneront, dans leur procès-verbal, le plus clairement possible, la fenêtre où ils ont vu commettre la contravention);

32° Les personnes qui ne balayeraient pas la neige ou ne casseraient pas la glace au-devant de leurs maisons;

Les personnes qui, en cas de verglas, n'y jetteraient pas du sable, de la cendre ou autres matières analogues, qui déposeraient dans les rues des neiges ou des glaces provenant des cours des habitations, et enfin celles qui formeraient des glissades sur une partie quelconque de la voie publique;

33° Les ouvriers en boutique qui troubleraient le repos public en travaillant avant 4 heures du matin et après 9 heures du soir, du 1er avril au 30 septembre, et avant 5 heures du matin et après 9 heures du soir, du 1er octobre au 31 mars;

34° Quiconque, faisant exécuter des travaux à des bâtiments riverains de la voie publique, pouvant faire craindre des accidents, ne placerait pas un ou deux hommes dans la rue pour en écarter les passants;

Quiconque, pendant la nuit, ferait faire aux maisons riveraines de la voie publique des réparations sans autorisation du préfet;

35° Les personnes qui ne retiendraient pas leurs chiens lorsque ces animaux attaquent ou poursuivent les passants;

Les chiens, même ceux tenus en laisse, doivent porter au cou un collier muni d'une plaque sur laquelle seront gravés le nom et la demeure des personnes auxquelles ils appartiennent;

36° Les individus qui établiraient ou tiendraient sur la voie publique des loteries ou d'autres jeux de hasard pour débiter ou vendre leurs marchandises (inviter les contrevenants à se rendre chez le commissaire de police);

Les jeux dits *tournevires* sont toutefois tolérés, mais seulement pour la vente des pains d'épices, gâteaux, bonbons non contenus dans des boîtes de prix;

37° Les saltimbanques, joueurs d'orgues, musiciens et chanteurs ambulants trouvés en temps ordinaire stationnant sur la voie publique;

Les commissaires de police leur accordent des permissions à

l'occasion des fêtes publiques qui ont lieu à Paris et dans les communes rurales du ressort de la préfecture de police.

ART. 46. — D. *Quels sont les devoirs des sous-officiers et gardes appelés en témoignage ?*

R. Les militaires du corps sont souvent cités devant les tribunaux pour témoigner des faits énoncés dans leurs procès-verbaux. Leur premier devoir est une exactitude exemplaire à comparaître à l'heure indiquée ; ils ont soin de se présenter dans une tenue irréprochable et de retirer leur sabre ou leur épée, ainsi que le gant de la main droite, avant d'être entendus.

Ils doivent ensuite :

1° Ecouter la lecture du procès-verbal ;

2° Lever la main droite quand le président le leur dit, et, aux paroles du président : « Vous jurez de dire toute la vérité, rien que la vérité », répondre : « Je le jure » ;

3° Aux questions sur les nom, prénoms, âge, domicile, indiquer leur nom, un prénom, leur qualité, leur âge et leur domicile (toujours à la caserne) ;

4° A la demande : « Êtes-vous parent, allié ou domestique du prévenu? », répondre : « Non (ou Oui), Monsieur le président » ;

5° Ne pas interpeller le prévenu et ne répondre directement à aucune de ses questions, ni même à ses récriminations ;

6° Enfin, éviter toute citation d'ordonnance de police ou d'ordres généraux. Faire une déclaration courte, sans insistance spéciale contre le prévenu ; si celui-ci ou des témoins en imposent à la justice, demander au président à être entendu de nouveau, et rétablir la vérité par des explications modérées.

OBSERVATIONS.

Les contraventions doivent être constatées avec discernement et sans passion. La garde républicaine ne doit point oublier que plus ses attributions sont étendues et lui donnent d'autorité, plus elle doit en user avec intelligence et modération. Il lui est donc particulièrement recommandé d'apporter dans ce service la réserve nécessaire pour le rendre utile au bien public.

Les militaires du corps doivent aussi insérer avec le plus grand soin, dans leurs procès-verbaux, tous les documents nécessaires pour faciliter la répression des contraventions constatées, car il arrive souvent que, faute d'indications assez précises, des contraventions bien réelles restent impunies.

CHAPITRE III.

Du service dans les théâtres, jardins, bals publics, soirées et bals officiels et particuliers, courses, établissements municipaux et marchés.

PREMIÈRE SECTION.

SERVICE DANS LES THÉATRES

Art. 47. — Demande. *Quel est le but du service de la garde républicaine dans les théâtres ?*

Réponse. D'assurer spécialement le maintien de l'ordre et la libre circulation en dehors du théâtre.

Les gardes ne pénétreront dans l'intérieur de la salle que dans le cas où la sûreté publique serait compromise, ou sur la réquisition du commissaire de police de service.

Toutefois, des gardes pourront être placés dans l'intérieur du théâtre, au foyer ou sur certains points désignés, en vue de tenir la main à l'exécution de consignes spéciales.

Art. 48.— D. *De qui relèvent les gardes de service dans un théâtre ou établissement public quelconque ?*

R. De leur chef de détachement.

Art. 49. — D. *Que doit faire un chef de poste en arrivant dans un théâtre ?*

R. Aussitôt l'arrivée du détachement, qui doit précéder d'une demi-heure l'ouverture des bureaux, le chef de poste prend connaissance des consignes affichées dans le corps de garde, s'informe auprès de l'administration des modifications qui pourraient être apportées à ces consignes, reconnaît exactement l'endroit où se trouve établi le service médical et où il sera toujours sûr de trouver une boîte de secours, se fait indiquer la place réservée au commissaire de police qui sera chargé de la surveillance générale pendant la représentation, et se met à la disposition de ce magistrat, dès qu'il arrive au théâtre. Après avoir rappelé aux gardes les consignes communes à tous les théâtres (*Voir l'art.* 50 *de l'instruction*), il s'assure que leur tenue est très correcte, et il les place successivement, en leur donnant leur consigne particulière, qu'il se fait répéter pour être certain qu'elle est bien comprise. (*Voir l'art 51 de l'instruction.*)

Le service établi, le chef de poste se tient à proximité du contrôle ; les gardes sauront toujours ainsi où se trouve leur chef et le préviendront *sans retard* de tout ce qui peut survenir dans leur service.

Art. 50. — D. *Quelles sont les consignes communes à tous les théâtres ?*

R. Veiller à ce que les files, établies sur un ou plusieurs rangs, ne gênent pas la circulation publique ; ne favoriser *qui que ce soit* pour le faire arriver au bureau avant son tour ; faire prendre la queue à ceux qui voudraient en former une nouvelle, et mettre dans ce service beaucoup de douceur, de prudence et de politesse.

Les officiers de tout grade, les éleves de l'Ecole polytechnique et de l'Ecole de Saint-Cyr, les adjudants, les maréchaux des logis chefs et les sergents-majors peuvent entrer avec leur épée ou leur sabre dans les salles de spectacle. Le dépôt des armes au vestiaire n'est obligatoire que pour les autres sous-officiers, brigadiers ou caporaux et soldats.

Les gardes, répartis sur les différents points du théâtre, seront toujours gantés ; ils rendront les marques extérieures de respect à tout supérieur passant auprès d'eux.

Il est formellement interdit de fumer ailleurs qu'au *fumoir.* Cette défense s'étend non seulement à la salle, aux couloirs et aux escaliers, mais encore au vestibule et au péristyle du théâtre.

ART. 51. — D. *Quel est en général le devoir des gardes placés comme plantons dans les couloirs ?*

R. Les gardes placés comme plantons dans les couloirs s'assurent, en prenant leur service :

1° Que les lampes à l'huile, dont le nombre est indiqué sur leur consigne, sont au complet, aux endroits voulus et allumées ; si l'une d'elles venait à s'éteindre, ils la feraient immédiatement rallumer ou remplacer ;

Et 2°, que les portes de sortie ne sont pas fermées à clef, qu'elles restent ouvertes ou s'ouvrent avec la plus grande facilité.

Les gardes veilleront, en outre, à ce que les couloirs et les issues aboutissant à ces couloirs ne soient, à aucun moment de la représentation, obstrués par des canapés, des chaises, des tables, en un mot à ce que les passages restent constamment libres de tout embarras et offrent toujours un parcours facile au public.

Les gardes devront aussi profiter des entr'actes pour faire connaître les moyens de sortie et diriger la foule de manière à éviter tout encombrement.

Art. 52. — D. *Les gardes doivent-ils se mêler des querelles qui s'élèvent autour d'eux, et exercer une surveillance sur les billets d'entrée ?*

R. Non. Ils ne doivent intervenir dans les querelles que sur la réquisition du commissaire de police, et ils ne doivent, dans aucun cas, examiner les droits des personnes qui réclament leur entrée, à quelque titre que ce soit.

Toutefois, en l'absence du commissaire de police de service et lorsque des individus troubleront l'ordre d'une manière grave à l'intérieur ou à l'extérieur d'un théâtre, le chef de poste, sans attendre la réquisition expresse de ce magistrat, agira comme en cas de flagrant délit, et, si c'est à l'intérieur du théâtre, il y pénétrera pour rétablir l'ordre et expulser les auteurs du trouble. (*Voir l'art. 45 de l'instruction, deuxième paragraphe.*)

Art. 53. — D. *Que doivent-ils faire en cas d'insulte ou de rébellion aux ordres et consignes ?*

R. Arrêter l'individu qui s'en sera rendu coupable, en faisant prévenir de suite le chef de poste. (*Voir l'art. 47 de l'instruction, dernier paragraphe*) ; tout individu arrêté soit à la porte du théâtre, soit dans les couloirs, soit à l'intérieur de la salle, doit être immédiatement conduit devant le commissaire de police de service.

Art. 54. — D. *Quel est le devoir du chef de poste :*

1° Pendant la représentation ?

R. Veiller à ce que ses subordonnés ne s'introduisent pas dans la salle de spectacle et à ce qu'ils se tiennent, pendant leur temps de repos, dans le corps de garde ou à portée du contrôle, prêts à répondre à toute réquisition légale. Il doit leur défendre de fumer, même sous le vestibule et le péristyle au-devant du théâtre, pendant tout le temps du service.

Il se porte partout où il juge sa présence nécessaire pour assurer le maintien de l'ordre et l'exécution des consignes, mais
en prenant des dispositions telles que les gardes, placés à l'entrée ou au contrôle, puissent toujours communiquer avec lui.

2° Au moment des entr'actes ?

R. Faire sortir, un peu avant le baisser du rideau, les hommes
restés disponibles et les placer de manière à éviter toute confu-
sion soit pour la sortie, soit pour la rentrée.

3° A la fin du spectacle ?

R. Lorsque commence le dernier acte, placer, suivant les consignes spéciales du théâtre où il est de service, les factionnaires
ou les vedettes, et tenir la main à ce qu'aucun factionnaire ou
vedette n'abandonne son poste, sous aucun prétexte, avant l'entière évacuation de la salle et le défilé complet des voitures.
   Lorsqu'il y a un service à cheval, le maréchal des logis ou le
brigadier qui commande ne met pied à terre qu'après l'arrivée
des voitures. Il est également à cheval pendant le temps du défilé
des voitures.

4° Après le défilé ?

R. Réunir le détachement et faire patrouille, en suivant exactement l'itinéraire inscrit sur la feuille de service par l'adjudant
de la caserne.

Art. 55. — *D. Les gardes de service dans un théâtre doivent-
ils obtempérer aux réquisitions et exécuter les consignes qui leur
sont données directement par les officiers de police ou leurs agents?*

R. Oui, lorsqu'il s'agit d'un service urgent ; et, dans ce cas,
ils font prévenir immédiatement le chef de poste (*Voir l'art.* 47
de l'instruction, dernier paragraphe) ; mais, dans tout autre cas,
ils ne doivent recevoir leurs consignes que par l'intermédiaire
du chef qui les commande.

Art. 56. — *D. S'il était demandé à un chef de poste un plus
grand nombre de factionnaires ou de plantons que celui indiqué
par la consigne, devrait-il obtempérer à la réquisition ?*

R. Oui, si l'on persiste à l'exiger, malgré les observations
qu'il devra faire sur ce surcroît de service. Il rendra compte au

colonel des motifs de la réquisition et des observations qu'il aura faites.

Art. 57. — D. *S'il était demandé à un chef de poste de théâtre des gardes pour un service étranger à celui de l'établissement, devrait-il obtempérer à cette demande ?*

R. Non, à moins d'urgence et d'une réquisition écrite du commissaire de police. Dans ce cas, il peut distraire quelques hommes de son poste ; mais s'il s'agissait de distraire de son service spécial la totalité de la garde, il ne pourrait le faire qu'en vertu d'un ordre émané du préfet de police ou du colonel.

Art. 58. — D. *Que doit faire le chef de poste en cas d'évènement extraordinaire ?*

R. En cas d'incendie, de tumulte ou de rassemblement pouvant compromettre la tranquillité publique, soit au théâtre, soit dans les environs, la garde prend sur-le-champ les armes, et se tient prête à obtempérer aux réquisitions qui pourraient lui être faites par le commissaire de police du service ou à agir sous le commandement du chef de poste, en cas de circonstances extraordinaires.

Art. 59. — D. *Quel est le devoir des sous-officiers et gardes à l'égard des marchands de billets qui stationnent devant les théâtres ?*

R. Prêter, sur réquisition, main-forte aux agents de l'autorité pour réprimer ces sortes de contraventions, et conduire les contrevenants devant le commissaire de police de service au théâtre.

Art. 60. — D. *A qui les gardes doivent-ils remettre les objets qu'ils trouveraient à la porte ou à l'intérieur d'un établissement public ?*

R. Au chef de poste, qui prévient immédiatement l'administration et fait ensuite le dépôt de l'objet trouvé entre les mains du commissaire de police de service.

Si le chef de poste ne peut, pendant la soirée, remettre l'objet trouvé au commissaire de police de service, il doit, le lendemain, en opérer le dépôt au bureau du commissariat du quartier où est situé l'établissement public, en ayant l'attention d'en informer l'administration dudit établissement.

Tout militaire du corps, monté de service, dépose lui-même au bureau du commissariat le plus voisin tout objet qu'il trouve sur la voie publique.

Art. 61. — D. *Les gardes de police dans les théâtres et autres établissements publics doivent-elles rendre les honneurs militaires ?*

R. Ces sortes de postes ne rendent pas les honneurs militaires ; toutefois, les factionnaires rendent toujours les honneurs militaires aux officiers passant près d'eux en uniforme avant la retraite battue. Après la retraite, ils observent les marques extérieures du respect, et, à cet effet, ils rectifient la position *en mettant l'arme au pied*. Quant aux autres hommes du poste, qu'ils soient plantons ou vedettes, ils doivent toujours le salut, comme il est prescrit par l'art. 50 de l'instruction, troisième paragraphe.

Dans les théâtres et autres établissements publics où il n'y a pas de corps de garde, le factionnaire annonce la ronde, et le planton placé au contrôle prévient le chef de poste.

L'officier de ronde passe une inspection rapide et reçoit du chef de poste un rapport verbal qu'il contrôle, lorsqu'il le juge nécessaire, en se rendant soit auprès du commissaire de police de service, soit auprès du directeur.

Art. 62. — D. *Comment doit être établi, pour ces services, le rapport du chef de poste ?*

R. Ce rapport, exactement daté, fait connaître l'établissement public où le service a été fourni, ainsi que la composition du poste, l'heure de l'arrivée audit établissement, l'heure du départ, l'heure de la ronde, les noms du chef de poste et de ses hommes avec les numéros et les indications des bataillons et compagnies ou escadrons, la somme à percevoir comme rétribution, et l'itinéraire à suivre pour rentrer à la caserne.

Cette feuille est présentée au *directeur,* qui y inscrit ses observations s'il en a à faire, et qui, dans le cas contraire, se borne à signer, sans toutefois pouvoir régler la force du poste pour les représentations suivantes.

Aux événements divers, le chef de poste signale les abus qu'il a reconnus, les fautes commises par ses subordonnés, les punitions infligées, les objets à fournir ou à réparer dans le corps de garde, les réquisitions reçues, les noms des individus arrêtés, les motifs des arrestations, le poste où les individus arrêtés ont été déposés, les objets trouvés, par qui et à qui remis, le résultat de la patrouille ; en un mot, il rend compte d'une manière sommaire, mais exacte, des événements survenus pendant le service.

Le chef de poste, devenu, pour rentrer, chef de patrouille, termine son rapport au corps de garde de la caserne et le signe alors une seconde fois.

Ce double rapport, établi sur une feuille simple, est contresigné par l'adjudant de la caserne et envoyé le matin au colonel.

OBSERVATIONS.

Les sous-officiers et gardes ne doivent pas oublier que le public n'est réuni dans les théâtres que pour son amusement et que si, dans l'intérêt du bon ordre et de la sûreté, on est forcé de prendre des précautions, c'est ici le cas plus qu'ailleurs de savoir allier la modération et la patience à la fermeté qui leur est recommandée dans l'exécution de leur service. Obligés d'exécuter une consigne trouvée gênante par les derniers arrivés, ils doivent, sans s'en départir en faveur de qui que ce soit, conserver le plus grand calme, se garder de toute expression choquante, adresser leurs observations avec politesse, et éviter avec soin toute espèce de rixes et d'altercations qui produisent toujours le plus mauvais effet dans une foule tumultueuse et impatiente. Afin de ne pas donner lieu à de justes réclamations de la part de cette foule, ils éviteront de prendre eux-mêmes des billets aux bureaux ou de faciliter, de toute autre manière, des entrées de faveur interdites.

...o du modèle de rapport qui doit être établi, sur une feuille simple,
...r le chef de poste de service dans un établissement public quel-
nque.

LÉGION DE LA GARDE RÉPUBLICAINE

Caserne
Théâtre

COMPOSITION DU POSTE.

SERVICE.	À PIED.			À CHEVAL.		
	Maréchal des logis.	Brigadier.	Garde.	Maréchal des logis.	Brigadier.	Garde.
...dinaire.....						
...traordinaire						
TOTAL.......						

RAPPORT du   16 .

Le poste est arrivé au théâtre à   heures précises.

L'ouverture des bureaux s'est faite à   heures précises.

La représentation a fini à   heures précises.

M. le Capitaine de ronde a passé à   heures précises.

ILS ONT ÉTÉ PAYÉS :

Le sous-officier..........   f.
Le brigadier.............   f.
Les gardes à f. chacun...   f.
La ronde................   f.

TOTAL.....   f.

OBSERVATIONS DU DIRECTEUR.

RETOUR DU POSTE.

...e poste, en quittant le théâtre, a fait une patrouille en passant

...st rentré à la caserne à   heures   du

Vu par l'adjudant :   Le   , chef de poste,

Verso du modèle de rapport qui doit être établi, sur une feuille simple, par le chef de poste de service dans un établissement public quelconque.

NOMS DES HOMMES DE SERVICE.

NUMÉROS des			NOMS.	GRADES.	POSTES A VISITER par la patrouille.	SIGNA- TURES des chefs de poste.	Heures des signatures.	OBSERVATIONS.
Bataillons.	Compagnies.	Escadrons.						

ÉVÉNEMENTS DIVERS.

Le   , chef de patrouille,

DEUXIÈME SECTION.

SERVICE DANS LES JARDINS, ÉTABLISSEMENTS ET BALS PUBLICS.

ART. 63. — *Demande. Quel est le but de service de la garde républicaine dans les jardins, établissements et bals publics?*

Réponse. D'y exercer, de concert avec le directeur de l'établissement, une surveillance active, afin de prévenir les rixes et désordres que des gens ivres et des perturbateurs seraient disposés à y occasionner.

ART. 64. — *D. Quels sont les devoirs d'un chef de poste dans un jardin ou un établissement public, relativement aux militaires de son poste?*

R. Veiller, sous sa responsabilité, à ce qu'ils ne boivent et ne mangent qu'entre eux, *lorsqu'il leur en accorde l'autorisation*, et enfin à ce qu'ils évitent de lier conversation avec des personnes étrangères à l'arme.

ART. 65. — *D. Si un chef d'établissement public exigeait un service autre que celui relatif au maintien du bon ordre, le chef de poste devrait-il y obtempérer?*

R. Non. Il doit se renfermer exactement dans ses fonctions, qui ne sont relatives qu'au maintien du bon ordre.

ART. 66. — *D. Dans les jardins, bals ou établissements publics, les gardes sont-ils sous les ordres des chefs de ces établissements et doivent-ils leur obéir?*

R. Non. Ils ne doivent recevoir de consigne que de leur chef de poste, qui se concerte avec le directeur de l'établissement, conformément aux prescriptions de l'article 47 de l'instruction.

ART. 67. — *D. Quels sont les devoirs des sous-officiers et gardes de service dans les bals publics?*

R. Interdire les danses indécentes et expulser les individus qui causent ainsi du scandale, mais seulement lorsqu'ils en sont requis par les officiers de police ou d'après la demande expresse des chefs d'établissement.

Art. 68. — **D.** *Quelle surveillance doit-on exercer envers les personnes qui se rendent dans les salles de danse des bals publics?*

R. Ne laisser entrer dans les salles de danse *qui que ce soit* avec des armes, cannes, bâtons ou parapluies.

Art. 69. — **D.** *A quelle heure doivent fermer les bals publics, et dans quel ordre la troupe doit-elle rentrer au quartier?*

R. A minuit, à moins d'une permission spéciale qui autorise à les prolonger plus avant dans la nuit.

Le service terminé, le chef de poste rentre à la caserne avec son détachement, comme il est prescrit à l'article 50, 4e paragraphe.

OBSERVATIONS.

Les sous-officiers et gardes de service dans les jardins, établissements et bals publics doivent être calmes, fermes et prudents ; ils éviteront tout ce qui, provoquant les individus échauffés par la boisson à leur manquer d'égards, les obligerait à employer des moyens de répression auxquels, avec plus de discernement, ils n'auraient point été réduits à recourir.

TROISIÈME SECTION.

SERVICE DANS LES SOIRÉES ET BALS OFFICIELS ET PARTICULIERS.

Art. 70. — **Demande.** *Que doivent faire les sous-officiers et gardes commandés pour une soirée ou un bal officiel ou particulier?*

Réponse. Se concerter avec les maîtres des maisons ou leurs délégués pour les dispositions à prendre à l'intérieur tant pour l'entrée que pour la sortie des voitures. Les cavaliers sont toujours à cheval au moment de l'entrée générale et de la sortie. Quant à l'ordre à établir à l'extérieur, s'il y a un officier de paix sur les lieux, ils reçoivent de lui les instructions nécessaires.

ART. 71. — D. *Quelle attention doivent-ils avoir relativement à la voie publique ?*

R. Ils veillent à ce que la rue, principalement en face de la porte de l'hôtel par où les voitures entrent ou sortent, ne soit point encombrée ; ils font en sorte que le public conserve toujours les moyens de circulation, et qu'aucun particulier n'ait à se plaindre d'être empêché de se rendre chez lui en voiture, parce qu'il aura plu à son voisin de donner une fête.

Les cartes de circulation, délivrées par le préfet de police, permettent aux personnes qui en sont pourvues de couper les files et de faire stationner leur voiture aux endroits réservés.

OBSERVATIONS.

Les sous-officiers et gardes apporteront, dans l'exécution de ce service, tout le zèle et l'intelligence nécessaires pour maintenir l'ordre et éviter les accidents.

QUATRIÈME SECTION.

SERVICES DIVERS.

ART. 72. — Demande. *Quels sont les principaux services temporaires fournis chaque jour par la garde républicaine ?*

Réponse. Tous les jours, sauf les dimanches et fêtes, des détachements se rendent à la Bourse et à la fourrière municipale.

Un service supplémentaire, mais variable, est assuré, de jour et de nuit, dans les monts-de-piété, aux abattoirs et au marché aux bestiaux de la Villette ; les postes de la garde républicaine, installés dans ces établissements, ont à ce sujet des consignes particulières.

Les voitures cellulaires, circulant à certaines heures du jour et de la nuit pour amener au dépôt les individus consignés dans les différents postes de police de Paris, sont toujours accompagnées d'un garde placé à l'intérieur.

ART. 73. — D. *Quels sont les principaux services temporaires non journaliers ?*

R. Le marché aux chevaux, qui a lieu deux fois par semaine, les mercredi et samedi ; le service de nuit aux Halles centrales, dit *service des petits pois*, pendant dix à douze semaines ; le marché aux pommes, pendant environ trois mois; les courses, les matinées; les expositions, au palais de l'Industrie; les foires aux pains d'épices, aux jambons; les grands services dans les cimetières, et, en été, les plantons aux stations des bateaux-mouches.

ART. 74. — D. *Dans tous ces services divers, de qui les chefs de poste reçoivent-ils des consignes spéciales ?*

R. Du commissaire de police, des officiers de paix de service, et aussi des directeurs d'établissement, des présidents de sociétés de courses, des inspecteurs des marchés et des inspecteurs des compagnies.

OBSERVATIONS.

C'est surtout dans ces services divers, où la plupart du temps les gardes agissent isolément, qu'ils doivent apporter la plus grande attention pour mener à bonne fin la mission qu'ils ont à remplir.

TARIF DU SERVICE RÉTRIBUÉ.

THÉATRES, ÉTABLISSEMENTS ET BALS PUBLICS.

Infanterie et cavalerie à pied.		*Cavalerie à cheval.*	
Maréchal des logis..........	2 f 00 c	Maréchal des logis..........	3 f 00 c
Brigadier	1 50	Brigadier	2 00
Garde ou élève-garde	1 00	Garde ou élève-garde	1 50

Après *minuit et demi*, la rétribution doit être doublée. Dans ce cas, le chef de poste fait constater l'heure à laquelle la représentation a été terminée, par le commissaire de police ou l'officier de paix de service au théâtre ou dans l'établissement.

COURSES.

Infanterie et cavalerie à pied.		*Cavalerie à cheval.*	
Maréchal des logis..........	5 f 00 c	Maréchal des logis..........	6 f 00 c
Brigadier	4 00	Brigadier	5 00
Garde ou élève-garde........	3 00	Garde ou élève-garde........	4 00

BALS DE NUIT.

Infanterie et cavalerie à pied.		*Cavalerie à cheval.*	
Maréchal des logis.,.........	6 f 00 c	Maréchal des logis..........	7 f 00 c
Brigadier...................	4 50	Brigadier...................	5 00
Garde ou élève-garde........	3 00	Garde ou élève-garde.......	3 50

SOIRÉES ET BALS CHEZ LES PARTICULIERS.

Il n'est dû que 5 fr. par homme, quel que soit le grade ; la répartition s'en fait de la manière suivante : le maréchal des logis a le double des gardes et le brigadier moitié en sus d'un garde. Il est expressément défendu au chef de poste d'exiger une rétribution plus forte que celle fixée par le tarif, sous peine de punition sévère.

Dans les services composés d'hommes à pied et à cheval, les sous-officiers, brigadiers et gardes à cheval touchent 50 cent. de plus que ceux d'infanterie. Cette somme est prélevée sur le prix total du service, avant tout partage.

SECOURS AUX NOYÉS.

Instruction approuvée le 19 *février* 1879 *par* **M.** *le ministre de la guerre, sur la proposition du Conseil de santé des armées.*

ART. 75. — Demande. *Quels sont les secours à apporter aux noyés en attendant l'arrivée du médecin?*

Réponse. Dès qu'un noyé est retiré de l'eau, on doit :

I. Le coucher sur le côté droit, incliner légèrement la tête en la soutenant par le front, écarter les mâchoires pour faciliter la sortie de l'eau par la bouche et le nez. Il peut être utile, dans ce but, de placer à plusieurs reprises, pendant quelques secondes seulement, la tête un peu plus bas que le corps.

II. Replacer le noyé sur le dos ; deux aides, appliquant largement leurs mains à plat (l'un sur les côtés de la poitrine, l'autre sur le ventre), pressent doucement et alternativement sur la poitrine d'un côté à l'autre, sur le ventre de bas en haut, pour imiter les mouvements de la respiration.

Ces premiers soins ne doivent occuper que quelques instants ; il faut ensuite :

III. Transporter le noyé au poste de secours, qui sera bien aéré ; le déshabiller, l'essuyer et l'envelopper avec la chemise de flanelle ; le coucher sur le lit, la tête relevée, le haut du corps un peu incliné à droite ;

Ouvrir la bouche, en écartant au besoin les mâchoires au moyen d'un levier en bois, d'une cuiller ; avec les doigts ou les barbes d'une plume, débarrasser les narines, la bouche, la gorge des mucosités qui les obstruent.

Veiller à ce que la langue ne reste pas portée en arrière et la saisir au besoin avec un linge pour la maintenir en avant.

IV. Le plus rapidement possible, provoquer le retour de la respiration, et pour cela : après avoir fait saillir la poitrine un peu en avant au moyen d'un coussin ou des vêtements roulés, un aide maintient les jambes du noyé, un autre se place à sa tête, saisit les bras à la hauteur des coudes, les avant-bras étant reployés sur les bras, les appuie assez fortement sur les parois de la poitrine, les écarte ensuite et les porte rapidement au-dessus de la tête en décrivant un arc de cercle, puis les ramène à leur position première en pressant encore sur les côtés de la poitrine.

Cette manœuvre est répétée environ quinze fois par minute et jusqu'à ce qu'on aperçoive un effort pour respirer.

Il convient de temps en temps d'imprimer à la poitrine des secousses brusques avec les mains largement étendues sur les côtés.

V. Simultanément il est bon que d'autres aides soient occupés à rappeler la circulation et la chaleur, au moyen : de frictions sur tout le corps, la plante des pieds, la paume des mains, avec les gants de crin, les frottoirs de laine, des linges chauds et imprégnés d'alcool, de vinaigre rubéfiant, etc. ; de massages des membres en allant des extrémités sur le tronc, de coups secs sur tout le corps, d'enveloppement avec des flanelles chaudes, d'une bassinoire remplie d'eau chaude et rapidement promenée, de fers à repasser, de briques chauffées (en prenant la précaution de ne pas produire de brûlures), de flagellations avec des paquets d'orties.

VI. Il est utile surtout, si le noyé fait des efforts pour respirer, de passer rapidement sous le nez le flacon d'ammoniaque, d'acide acétique, etc.

S'il a des envies de vomir, on peut chatouiller le fond de la bouche avec une plume pour déterminer le vomissement.

VII. Il ne faut pas donner à boire à un noyé avant qu'il ait repris ses sens et puisse facilement avaler.

On peut toutefois, en vue de le ranimer, introduire dans la bouche quelques gouttes d'eau-de-vie, de rhum, d'alcool camphré, etc.

Au médecin seul, il appartient d'user d'autres moyens. On peut cependant, en cas d'insuccès, essayer l'insufflation d'air de bouche à bouche, en serrant le nez du noyé et en soufflant avec lenteur et ménagement.

Il est essentiel de ne pas perdre de vue qu'il faut toujours secourir un noyé et insister longtemps.

Si la submersion a duré de quatre à cinq minutes, on réussit presque toujours ; plus rarement si elle a duré quinze minutes. On a cité des succès après trente minutes et plus de submersion.

SECOURS

AUX PERSONNES MORDUES PAR DES ANIMAUX ATTEINTS OU SUSPECTS DE RAGE.

INSTRUCTION *approuvée le 23 avril 1881 par M. le Préfet de police, sur la proposition du Conseil d'hygiène publique et de salubrité du département de la Seine.*

ART. 67. — Demande. *Que doit-on s'empresser de faire lorsqu'une personne vient d'être mordue par un animal atteint ou suspect de rage ?*

Réponse. Faire *saigner* la plaie, la *laver* et la *cautériser.*

I. Il faut immédiatement, par des pressions suffisantes, faire *saigner* abondamment les morsures les plus profondes comme les plus légères et les *laver* à grande eau, avec un jet d'eau si cela est possible, ou avec tout autre liquide (de l'urine même), jusqu'au moment de la cautérisation.

II. La *cautérisation* pourra être faite avec du caustique de Vienne, du beurre d'antimoine, du chlorure de zinc et surtout avec le fer rouge, qui paraît être le meilleur des caustiques. Tout morceau de fer (bout de tringle, fer à plisser, clef, clou, etc., etc.) chauffé au rouge peut servir à pratiquer ces cautérisations, qui devront atteindre toutes les parties de la plaie.

III. Les succès de la cautérisation dépendant de la promptitude avec laquelle elle est faite, chacun est apte à la pratiquer avant l'arrivée du médecin.

IV. Les cautérisations avec l'ammoniaque (alcali volatil) et avec les différents alcools sont complètement inefficaces.

TABLE DES MATIÈRES.

Paris. — Imp. LÉAUTEY, rue St-Guillaume, 24.